Mood	Date		SU

Sobriety Day

Mood
- 10
- 9
- 8 — Todays Focus
- 7
- 6
- 5 — Todays Challenges
- 4
- 3
- 2 — How I Got Through
- 1
- 0

Health
- 10 — Who Helped
- 9
- 8
- 7 — Grateful For
- 6
- 5
- 4
- 3 — Thoughts
- 2
- 1
- 0

Date _____ M T W TH F SA SU

Sobriety Day # ☐

Todays Focus
_____
_____

Todays Challenges
_____
_____

How I Got Through
_____
_____
_____

Who Helped
_____
_____

Grateful For
_____
_____
_____

Thoughts
_____
_____
_____

Mood
10
9
8
7
6
5
4
3
2
1
0

Health
10
9
8
7
6
5
4
3
2
1
0

Mood

10
9
8
7
6
5
4
3
2
1
0

Health

10
9
8
7
6
5
4
3
2
1
0

Date _____   M T W TH F SA SU

Sobriety Day # ☐

Todays Focus
_____
_____
_____

Todays Challenges
_____
_____
_____

How I Got Through
_____
_____
_____
_____

Who Helped
_____
_____
_____

Grateful For
_____
_____
_____
_____

Thoughts
_____
_____
_____
_____

Date _____ M T W TH F SA SU

Sobriety Day

Todays Focus
_____
_____
_____

Todays Challenges
_____
_____

How I Got Through
_____
_____
_____

Who Helped
_____
_____

Grateful For
_____
_____
_____

Thoughts
_____
_____
_____

Mood
10
9
8
7
6
5
4
3
2
1
0

Health
10
9
8
7
6
5
4
3
2
1
0

Mood

10
9
8
7
6
5
4
3
2
1
0

Health

10
9
8
7
6
5
4
3
2
1
0

Date _____   M T W TH F SA SU

Sobriety Day

Todays Focus

Todays Challenges

How I Got Through

Who Helped

Grateful For

Thoughts

Date _____ M T W TH F SA SU

Sobriety Day

Todays Focus _____
_____
_____

Todays Challenges _____
_____
_____

How I Got Through _____
_____
_____
_____

Who Helped _____
_____
_____

Grateful For _____
_____
_____
_____

Thoughts _____
_____
_____
_____

Mood
10
9
8
7
6
5
4
3
2
1
0

Health
10
9
8
7
6
5
4
3
2
1
0

Mood	Date _____ M T W TH F SA SU

Sobriety Day # [ ]

Mood
- 10
- 9
- 8
- 7
- 6
- 5
- 4
- 3
- 2
- 1
- 0

Health
- 10
- 9
- 8
- 7
- 6
- 5
- 4
- 3
- 2
- 1
- 0

Todays Focus
_____
_____
_____

Todays Challenges
_____
_____
_____

How I Got Through
_____
_____
_____
_____

Who Helped
_____
_____
_____

Grateful For
_____
_____
_____
_____

Thoughts
_____
_____
_____
_____

Date _____ M T W TH F SA SU

Sobriety Day # ☐

Todays Focus
_____
_____
_____

Todays Challenges
_____
_____
_____

How I Got Through
_____
_____
_____
_____

Who Helped
_____
_____

Grateful For
_____
_____
_____
_____

Thoughts
_____
_____
_____
_____

Mood
10
9
8
7
6
5
4
3
2
1
0

Health
10
9
8
7
6
5
4
3
2
1
0

Mood

10
9
8
7
6
5
4
3
2
1
0

Health

10
9
8
7
6
5
4
3
2
1
0

Date _____   M T W TH F SA SU

Sobriety Day # ☐

Todays Focus
_____
_____
_____

Todays Challenges
_____
_____
_____

How I Got Through
_____
_____
_____
_____

Who Helped
_____
_____
_____

Grateful For
_____
_____
_____
_____

Thoughts
_____
_____
_____
_____

Date _____ M T W TH F SA SU

Sobriety Day

Todays Focus

Todays Challenges

How I Got Through

Who Helped

Grateful For

Thoughts

Mood
10
9
8
7
6
5
4
3
2
1
0

Health
10
9
8
7
6
5
4
3
2
1
0

Mood
10
9
8
7
6
5
4
3
2
1
0

Health
10
9
8
7
6
5
4
3
2
1
0

Date _____   M T W TH F SA SU

Sobriety Day # ☐

Todays Focus
_____
_____

Todays Challenges
_____
_____

How I Got Through
_____
_____
_____
_____

Who Helped
_____
_____

Grateful For
_____
_____
_____
_____

Thoughts
_____
_____
_____

Date _____ M T W TH F SA SU

Sobriety Day # ☐

Todays Focus _____
_____
_____

Todays Challenges _____
_____
_____

How I Got Through _____
_____
_____
_____

Who Helped _____
_____
_____

Grateful For _____
_____
_____

Thoughts _____
_____
_____

Mood
10
9
8
7
6
5
4
3
2
1
0

Health
10
9
8
7
6
5
4
3
2
1
0

Mood

10
9
8
7
6
5
4
3
2
1
0

Health

10
9
8
7
6
5
4
3
2
1
0

Date _____ M T W TH F SA SU

Sobriety Day # ☐

Todays Focus
_____
_____
_____

Todays Challenges
_____
_____
_____

How I Got Through
_____
_____
_____
_____

Who Helped
_____
_____
_____

Grateful For
_____
_____
_____
_____

Thoughts
_____
_____
_____
_____

Date _____ M T W TH F SA SU

Sobriety Day # [ ]

Todays Focus
_____
_____
_____

Todays Challenges
_____
_____
_____

How I Got Through
_____
_____
_____
_____

Who Helped
_____
_____
_____

Grateful For
_____
_____
_____
_____

Thoughts
_____
_____
_____
_____

Mood
10
9
8
7
6
5
4
3
2
1
0

Health
10
9
8
7
6
5
4
3
2
1
0

Date _____ M T W TH F SA SU

Sobriety Day # ☐

Mood
- 10
- 9
- 8
- 7
- 6
- 5
- 4
- 3
- 2
- 1
- 0

Health
- 10
- 9
- 8
- 7
- 6
- 5
- 4
- 3
- 2
- 1
- 0

Todays Focus
_____
_____
_____

Todays Challenges
_____
_____
_____

How I Got Through
_____
_____
_____
_____

Who Helped
_____
_____
_____

Grateful For
_____
_____
_____
_____

Thoughts
_____
_____
_____
_____

Date _____ M T W TH F SA SU

Sobriety Day

Todays Focus
_____
_____
_____

Todays Challenges
_____
_____
_____

How I Got Through
_____
_____
_____
_____

Who Helped
_____
_____
_____

Grateful For
_____
_____
_____
_____
_____

Thoughts
_____
_____
_____
_____

Mood
10
9
8
7
6
5
4
3
2
1
0

Health
10
9
8
7
6
5
4
3
2
1
0

Mood

10
9
8
7
6
5
4
3
2
1
0

Health

10
9
8
7
6
5
4
3
2
1
0

Date _____ M T W TH F SA SU

Sobriety Day

Todays Focus
_____
_____
_____

Todays Challenges
_____
_____
_____

How I Got Through
_____
_____
_____
_____

Who Helped
_____
_____
_____

Grateful For
_____
_____
_____

Thoughts
_____
_____
_____
_____

Date _____ M T W TH F SA SU

Sobriety Day # ☐

Todays Focus
_____
_____
_____

Todays Challenges
_____
_____
_____

How I Got Through
_____
_____
_____
_____

Who Helped
_____
_____

Grateful For
_____
_____
_____
_____

Thoughts
_____
_____
_____

Mood
10
9
8
7
6
5
4
3
2
1
0

Health
10
9
8
7
6
5
4
3
2
1
0

Mood

10
9
8
7
6
5
4
3
2
1
0

Health

10
9
8
7
6
5
4
3
2
1
0

Date _____ M T W TH F SA SU

Sobriety Day # _____

Todays Focus
_____
_____
_____

Todays Challenges
_____
_____
_____

How I Got Through
_____
_____
_____
_____

Who Helped
_____
_____
_____

Grateful For
_____
_____
_____
_____

Thoughts
_____
_____
_____
_____

Date _____ M T W TH F SA SU

Sobriety Day

Todays Focus
_____
_____

Todays Challenges
_____
_____

How I Got Through
_____
_____
_____

Who Helped
_____
_____

Grateful For
_____
_____
_____

Thoughts
_____
_____
_____

Mood
10
9
8
7
6
5
4
3
2
1
0

Health
10
9
8
7
6
5
4
3
2
1
0

Mood	Date _____ M T W TH F SA SU
10	**Sobriety Day #** [ ]
9	
8	Todays Focus _____
7	_____
6	_____
5	Todays Challenges _____
4	_____
3	_____
2	How I Got Through _____
1	_____
0	_____

Health	
10	Who Helped _____
9	_____
8	_____
7	Grateful For _____
6	_____
5	_____
4	_____
3	Thoughts _____
2	_____
1	_____
0	_____

Date _____ M T W TH F SA SU

Sobriety Day

Todays Focus
_____
_____

Todays Challenges
_____
_____

How I Got Through
_____
_____
_____

Who Helped
_____
_____

Grateful For
_____
_____
_____

Thoughts
_____
_____
_____

Mood
10
9
8
7
6
5
4
3
2
1
0

Health
10
9
8
7
6
5
4
3
2
1
0

Mood

10
9
8
7
6
5
4
3
2
1
0

Health

10
9
8
7
6
5
4
3
2
1
0

Date _____ M T W TH F SA SU

Sobriety Day # ☐

Todays Focus _____
_____
_____

Todays Challenges _____
_____
_____

How I Got Through _____
_____
_____
_____
_____

Who Helped _____
_____
_____

Grateful For _____
_____
_____
_____

Thoughts _____
_____
_____
_____

Date _____ M T W TH F SA SU

Sobriety Day # ☐

Todays Focus
_____
_____
_____

Todays Challenges
_____
_____
_____

How I Got Through
_____
_____
_____
_____

Who Helped
_____
_____
_____

Grateful For
_____
_____
_____
_____

Thoughts
_____
_____
_____
_____

Mood
10
9
8
7
6
5
4
3
2
1
0

_____

Health
10
9
8
7
6
5
4
3
2
1
0

Mood

10
9
8
7
6
5
4
3
2
1
0

Health

10
9
8
7
6
5
4
3
2
1
0

Date _____ M T W TH F SA SU

Sobriety Day # [   ]

Todays Focus
_____
_____
_____

Todays Challenges
_____
_____
_____

How I Got Through
_____
_____
_____
_____

Who Helped
_____
_____
_____

Grateful For
_____
_____
_____
_____

Thoughts
_____
_____
_____
_____

Date _____   M T W TH F SA SU

Sobriety Day # [   ]

Todays Focus
_____
_____
_____

Todays Challenges
_____
_____
_____

How I Got Through
_____
_____
_____
_____

Who Helped
_____
_____
_____

Grateful For
_____
_____
_____
_____

Thoughts
_____
_____
_____
_____

Mood
10
9
8
7
6
5
4
3
2
1
0

Health
10
9
8
7
6
5
4
3
2
1
0

Mood

10
9
8
7
6
5
4
3
2
1
0

Health

10
9
8
7
6
5
4
3
2
1
0

Date _____   M T W TH F SA SU

Sobriety Day # ☐

Todays Focus
_____
_____
_____

Todays Challenges
_____
_____
_____

How I Got Through
_____
_____
_____
_____
_____

Who Helped
_____
_____
_____

Grateful For
_____
_____
_____
_____

Thoughts
_____
_____
_____
_____

Date _____ M T W TH F SA SU

Sobriety Day # ____

Todays Focus
_____
_____

Todays Challenges
_____
_____

How I Got Through
_____
_____
_____

Who Helped
_____
_____

Grateful For
_____
_____
_____

Thoughts
_____
_____
_____

Mood
10
9
8
7
6
5
4
3
2
1
0

_____

Health
10
9
8
7
6
5
4
3
2
1
0

Mood

10
9
8
7
6
5
4
3
2
1
0

Health

10
9
8
7
6
5
4
3
2
1
0

Date _____ M T W TH F SA SU

Sobriety Day # ☐

Todays Focus
_____
_____
_____

Todays Challenges
_____
_____
_____

How I Got Through
_____
_____
_____
_____
_____

Who Helped
_____
_____
_____

Grateful For
_____
_____
_____
_____
_____

Thoughts
_____
_____
_____

Date _____ M T W TH F SA SU

Sobriety Day

Todays Focus
_____
_____

Todays Challenges
_____
_____

How I Got Through
_____
_____
_____
_____

Who Helped
_____
_____

Grateful For
_____
_____
_____
_____

Thoughts
_____
_____
_____
_____

Mood
10
9
8
7
6
5
4
3
2
1
0

Health
10
9
8
7
6
5
4
3
2
1
0

Mood

10
9
8
7
6
5
4
3
2
1
0

Health

10
9
8
7
6
5
4
3
2
1
0

Date _____   M T W TH F SA SU

Sobriety Day # ☐

Todays Focus
_____
_____
_____

Todays Challenges
_____
_____
_____

How I Got Through
_____
_____
_____
_____

Who Helped
_____
_____

Grateful For
_____
_____
_____
_____

Thoughts
_____
_____
_____
_____

Date _____ M T W TH F SA SU

Sobriety Day # ☐

Todays Focus
_____
_____
_____

Todays Challenges
_____
_____
_____

How I Got Through
_____
_____
_____
_____

Who Helped
_____
_____

Grateful For
_____
_____
_____
_____

Thoughts
_____
_____
_____

Mood
10
9
8
7
6
5
4
3
2
1
0

Health
10
9
8
7
6
5
4
3
2
1
0

Mood

10
9
8
7
6
5
4
3
2
1
0

Health

10
9
8
7
6
5
4
3
2
1
0

Date _____ M T W TH F SA SU

Sobriety Day # ☐

Todays Focus
_____
_____
_____

Todays Challenges
_____
_____
_____

How I Got Through
_____
_____
_____
_____

Who Helped
_____
_____
_____

Grateful For
_____
_____
_____

Thoughts
_____
_____
_____

Date _____   M T W TH F SA SU

Sobriety Day # [   ]

Todays Focus
_____
_____
_____

Todays Challenges
_____
_____
_____

How I Got Through
_____
_____
_____
_____

Who Helped
_____
_____

Grateful For
_____
_____
_____
_____

Thoughts
_____
_____
_____

Mood
10
9
8
7
6
5
4
3
2
1
0

_____

Health
10
9
8
7
6
5
4
3
2
1
0

Mood

10
9
8
7
6
5
4
3
2
1
0

Health

10
9
8
7
6
5
4
3
2
1
0

Date _____ M T W TH F SA SU

Sobriety Day # ☐

Todays Focus _____
_____
_____

Todays Challenges _____
_____
_____

How I Got Through _____
_____
_____
_____

Who Helped _____
_____
_____

Grateful For _____
_____
_____
_____

Thoughts _____
_____
_____
_____

Date _____ M T W TH F SA SU

Sobriety Day #

Todays Focus _____
_____
_____

Todays Challenges _____
_____
_____

How I Got Through _____
_____
_____
_____

Who Helped _____
_____
_____

Grateful For _____
_____
_____
_____
_____

Thoughts _____
_____
_____
_____

Mood
10
9
8
7
6
5
4
3
2
1
0

Health
10
9
8
7
6
5
4
3
2
1
0

Mood	Date _____ M T W TH F SA SU
10	## Sobriety Day # ☐
9	
8	**Todays Focus** _____
7	_____
6	_____
5	**Todays Challenges** _____
4	_____
3	_____
2	**How I Got Through** _____
1	_____
0	_____

Health	_____
10	**Who Helped** _____
9	_____
8	_____
7	**Grateful For** _____
6	_____
5	_____
4	_____
3	**Thoughts** _____
2	_____
1	_____
0	_____

Date _____ M T W TH F SA SU

Sobriety Day

Todays Focus
_____
_____
_____

Todays Challenges
_____
_____
_____

How I Got Through
_____
_____
_____
_____

Who Helped
_____
_____

Grateful For
_____
_____
_____
_____

Thoughts
_____
_____
_____

Mood
10
9
8
7
6
5
4
3
2
1
0

Health
10
9
8
7
6
5
4
3
2
1
0

Mood

10
9
8
7
6
5
4
3
2
1
0

Health

10
9
8
7
6
5
4
3
2
1
0

Date _____   M T W TH F SA SU

Sobriety Day # ☐

Todays Focus _____
_____
_____

Todays Challenges _____
_____
_____

How I Got Through _____
_____
_____
_____

Who Helped _____
_____
_____

Grateful For _____
_____
_____
_____

Thoughts _____
_____
_____
_____

Date _____ M T W TH F SA SU

Sobriety Day # ⬜

Todays Focus
_____
_____

Todays Challenges
_____
_____

How I Got Through
_____
_____
_____
_____

Who Helped
_____
_____

Grateful For
_____
_____
_____
_____

Thoughts
_____
_____
_____

Mood
10
9
8
7
6
5
4
3
2
1
0

_____

Health
10
9
8
7
6
5
4
3
2
1
0

Mood	Date _____ M T W TH F SA SU
10	## Sobriety Day # ☐
9	
8	**Todays Focus**
7	_____
6	_____
5	**Todays Challenges**
4	_____
3	_____
2	**How I Got Through**
1	_____
0	_____
	_____
Health	_____
10	**Who Helped**
9	_____
8	_____
7	**Grateful For**
6	_____
5	_____
4	_____
3	**Thoughts**
2	_____
1	_____
0	_____

Date _____ M T W TH F SA SU

Sobriety Day # ☐

Todays Focus _____
_____
_____

Todays Challenges _____
_____
_____

How I Got Through _____
_____
_____
_____

Who Helped _____
_____
_____

Grateful For _____
_____
_____
_____
_____

Thoughts _____
_____
_____
_____

Mood
10
9
8
7
6
5
4
3
2
1
0

Health
10
9
8
7
6
5
4
3
2
1
0

Mood

10
9
8
7
6
5
4
3
2
1
0

Health

10
9
8
7
6
5
4
3
2
1
0

Date _____ M T W TH F SA SU

Sobriety Day # ☐

Todays Focus _____
_____
_____

Todays Challenges _____
_____
_____

How I Got Through _____
_____
_____
_____

Who Helped _____
_____
_____

Grateful For _____
_____
_____
_____

Thoughts _____
_____
_____
_____

Date _____ M T W TH F SA SU

Sobriety Day # ☐

Todays Focus
_____
_____

Todays Challenges
_____
_____

How I Got Through
_____
_____
_____

Who Helped
_____
_____

Grateful For
_____
_____
_____

Thoughts
_____
_____
_____

Mood
10
9
8
7
6
5
4
3
2
1
0

Health
10
9
8
7
6
5
4
3
2
1
0

Mood

10
9
8
7
6
5
4
3
2
1
0

Health

10
9
8
7
6
5
4
3
2
1
0

Date _____   M T W TH F SA SU

Sobriety Day # _____

Todays Focus _____
_____
_____

Todays Challenges _____
_____
_____

How I Got Through _____
_____
_____
_____

Who Helped _____
_____
_____

Grateful For _____
_____
_____
_____

Thoughts _____
_____
_____
_____

Date _____ M T W TH F SA SU

Sobriety Day # ☐

Todays Focus _____
_____
_____

Todays Challenges _____
_____
_____

How I Got Through _____
_____
_____
_____
_____

Who Helped _____
_____

Grateful For _____
_____
_____
_____

Thoughts _____
_____
_____
_____

Mood
10
9
8
7
6
5
4
3
2
1
0

Health
10
9
8
7
6
5
4
3
2
1
0

Mood

10
9
8
7
6
5
4
3
2
1
0

Health

10
9
8
7
6
5
4
3
2
1
0

Date _____ M T W TH F SA SU

Sobriety Day # [   ]

Todays Focus _____
_____
_____

Todays Challenges _____
_____
_____

How I Got Through _____
_____
_____
_____

Who Helped _____
_____
_____

Grateful For _____
_____
_____
_____
_____

Thoughts _____
_____
_____
_____

Date _____ M T W TH F SA SU

Sobriety Day # ☐

Todays Focus
_____
_____

Todays Challenges
_____
_____

How I Got Through
_____
_____
_____
_____

Who Helped
_____
_____

Grateful For
_____
_____
_____

Thoughts
_____
_____
_____

Mood
10
9
8
7
6
5
4
3
2
1
0

Health
10
9
8
7
6
5
4
3
2
1
0

Mood

10
9
8
7
6
5
4
3
2
1
0

Health

10
9
8
7
6
5
4
3
2
1
0

Date _____   M T W TH F SA SU

Sobriety Day # ☐

Todays Focus
_____
_____
_____

Todays Challenges
_____
_____
_____

How I Got Through
_____
_____
_____
_____

Who Helped
_____
_____

Grateful For
_____
_____
_____
_____

Thoughts
_____
_____
_____

Date _____ M T W TH F SA SU

Sobriety Day # ☐

Todays Focus
_____
_____

Todays Challenges
_____
_____

How I Got Through
_____
_____
_____

Who Helped
_____
_____

Grateful For
_____
_____
_____
_____

Thoughts
_____
_____
_____

Mood
10
9
8
7
6
5
4
3
2
1
0

Health
10
9
8
7
6
5
4
3
2
1
0

Mood

10
9
8
7
6
5
4
3
2
1
0

Health

10
9
8
7
6
5
4
3
2
1
0

Date _____ M T W TH F SA SU

Sobriety Day # ☐

Todays Focus
_____
_____
_____

Todays Challenges
_____
_____
_____

How I Got Through
_____
_____
_____
_____

Who Helped
_____
_____
_____

Grateful For
_____
_____
_____
_____

Thoughts
_____
_____
_____

Date _____ M T W TH F SA SU

Sobriety Day

Todays Focus _____
_____
_____

Todays Challenges _____
_____
_____

How I Got Through _____
_____
_____
_____

Who Helped _____
_____

Grateful For _____
_____
_____
_____
_____

Thoughts _____
_____
_____
_____

Mood
10
9
8
7
6
5
4
3
2
1
0

Health
10
9
8
7
6
5
4
3
2
1
0

Mood

10
9
8
7
6
5
4
3
2
1
0

Health

10
9
8
7
6
5
4
3
2
1
0

Date _____ M T W TH F SA SU

Sobriety Day # ☐

Todays Focus
_____
_____
_____

Todays Challenges
_____
_____
_____

How I Got Through
_____
_____
_____
_____

Who Helped
_____
_____
_____

Grateful For
_____
_____
_____
_____

Thoughts
_____
_____
_____
_____

Date _____ M T W TH F SA SU

Sobriety Day # [   ]

Todays Focus
_____
_____
_____

Todays Challenges
_____
_____
_____

How I Got Through
_____
_____
_____
_____

Who Helped
_____
_____
_____

Grateful For
_____
_____
_____
_____

Thoughts
_____
_____
_____

Mood
10
9
8
7
6
5
4
3
2
1
0

Health
10
9
8
7
6
5
4
3
2
1
0

Mood

10
9
8
7
6
5
4
3
2
1
0

Health

10
9
8
7
6
5
4
3
2
1
0

Date _____   M T W TH F SA SU

Sobriety Day # ☐

Todays Focus _____
_____
_____

Todays Challenges _____
_____
_____

How I Got Through _____
_____
_____
_____

Who Helped _____
_____
_____

Grateful For _____
_____
_____
_____

Thoughts _____
_____
_____
_____

Date _____ M T W TH F SA SU

Sobriety Day # ☐

Todays Focus
_____
_____
_____

Todays Challenges
_____
_____
_____

How I Got Through
_____
_____
_____
_____

Who Helped
_____
_____

Grateful For
_____
_____
_____
_____

Thoughts
_____
_____
_____

Mood
10
9
8
7
6
5
4
3
2
1
0

Health
10
9
8
7
6
5
4
3
2
1
0

Mood

10
9
8
7
6
5
4
3
2
1
0

Health

10
9
8
7
6
5
4
3
2
1
0

Date _____ M T W TH F SA SU

Sobriety Day # ☐

Todays Focus _____
_____
_____

Todays Challenges _____
_____
_____

How I Got Through _____
_____
_____
_____
_____

Who Helped _____
_____
_____

Grateful For _____
_____
_____
_____
_____

Thoughts _____
_____
_____
_____

Date _____ M T W TH F SA SU

Sobriety Day # ☐

Todays Focus _____
_____
_____

Todays Challenges _____
_____
_____

How I Got Through _____
_____
_____
_____

Who Helped _____
_____

Grateful For _____
_____
_____
_____
_____

Thoughts _____
_____
_____
_____

Mood
10
9
8
7
6
5
4
3
2
1
0

Health
10
9
8
7
6
5
4
3
2
1
0

Mood

10
9
8
7
6
5
4
3
2
1
0

Health

10
9
8
7
6
5
4
3
2
1
0

Date _____ M T W TH F SA SU

Sobriety Day # ☐

Todays Focus
_____
_____
_____

Todays Challenges
_____
_____
_____

How I Got Through
_____
_____
_____
_____

Who Helped
_____
_____
_____

Grateful For
_____
_____
_____
_____
_____

Thoughts
_____
_____
_____
_____

Date _____ M T W TH F SA SU

Sobriety Day # [____]

Mood
- 10
- 9
- 8
- 7
- 6
- 5
- 4
- 3
- 2
- 1
- 0

Todays Focus _____
_____
_____

Todays Challenges _____
_____
_____

How I Got Through _____
_____
_____
_____

Who Helped _____
_____
_____

Grateful For _____
_____
_____
_____
_____

Thoughts _____
_____
_____

Health
- 10
- 9
- 8
- 7
- 6
- 5
- 4
- 3
- 2
- 1
- 0

Mood

10
9
8
7
6
5
4
3
2
1
0

Health

10
9
8
7
6
5
4
3
2
1
0

Date _____ M T W TH F SA SU

Sobriety Day # ☐

Todays Focus _____
_____
_____

Todays Challenges _____
_____
_____

How I Got Through _____
_____
_____
_____

Who Helped _____
_____
_____

Grateful For _____
_____
_____
_____
_____

Thoughts _____
_____
_____
_____

Date _____ M T W TH F SA SU

Sobriety Day # ☐

Todays Focus
_____
_____

Todays Challenges
_____
_____

How I Got Through
_____
_____
_____

Who Helped
_____
_____

Grateful For
_____
_____
_____

Thoughts
_____
_____
_____

Mood
10
9
8
7
6
5
4
3
2
1
0

Health
10
9
8
7
6
5
4
3
2
1
0

Mood

10
9
8
7
6
5
4
3
2
1
0

Health

10
9
8
7
6
5
4
3
2
1
0

Date _____   M T W TH F SA SU

Sobriety Day # ☐

Todays Focus
_____
_____
_____

Todays Challenges
_____
_____
_____

How I Got Through
_____
_____
_____
_____

Who Helped
_____
_____
_____

Grateful For
_____
_____
_____
_____

Thoughts
_____
_____
_____
_____

Date _____ M T W TH F SA SU | **Mood**

Sobriety Day

	10
	9

Todays Focus _____

_____ 8

_____ 7

_____ 6

Todays Challenges 5

_____ 4

_____ 3

How I Got Through 2

_____ 1

_____ 0

_____

_____ **Health**

Who Helped _____ 10

_____ 9

_____ 8

Grateful For _____ 7

_____ 6

_____ 5

_____ 4

_____ 3

Thoughts _____ 2

_____ 1

_____ 0

Mood

10
9
8
7
6
5
4
3
2
1
0

Health

10
9
8
7
6
5
4
3
2
1
0

Date _____ M T W TH F SA SU

Sobriety Day # ☐

Todays Focus
_____
_____
_____

Todays Challenges
_____
_____
_____

How I Got Through
_____
_____
_____
_____

Who Helped
_____
_____
_____

Grateful For
_____
_____
_____
_____

Thoughts
_____
_____
_____
_____

Date _____ M T W TH F SA SU

Sobriety Day # ☐

Mood
10
9
8
7
6
5
4
3
2
1
0

Todays Focus _____
_____
_____

Todays Challenges _____
_____
_____

How I Got Through _____
_____
_____
_____
_____

Who Helped _____
_____

Grateful For _____
_____
_____
_____
_____

Thoughts _____
_____
_____

Health
10
9
8
7
6
5
4
3
2
1
0

Mood

10
9
8
7
6
5
4
3
2
1
0

Health

10
9
8
7
6
5
4
3
2
1
0

Date _____ M T W TH F SA SU

Sobriety Day # _____

Todays Focus _____
_____
_____

Todays Challenges _____
_____
_____

How I Got Through _____
_____
_____
_____

Who Helped _____
_____
_____

Grateful For _____
_____
_____
_____

Thoughts _____
_____
_____
_____

Date _____ M T W TH F SA SU

Sobriety Day # ☐

Todays Focus
_____
_____
_____

Todays Challenges
_____
_____
_____

How I Got Through
_____
_____
_____
_____

Who Helped
_____
_____
_____

Grateful For
_____
_____
_____
_____

Thoughts
_____
_____
_____
_____

Mood
10
9
8
7
6
5
4
3
2
1
0

Health
10
9
8
7
6
5
4
3
2
1
0

Mood

10
9
8
7
6
5
4
3
2
1
0

Health

10
9
8
7
6
5
4
3
2
1
0

Date _____ M T W TH F SA SU

Sobriety Day # ☐

Todays Focus
_____
_____
_____

Todays Challenges
_____
_____
_____

How I Got Through
_____
_____
_____
_____

Who Helped
_____
_____
_____

Grateful For
_____
_____
_____
_____

Thoughts
_____
_____
_____

Date _____ M T W TH F SA SU

Sobriety Day

Todays Focus _____
_____
_____

Todays Challenges _____
_____
_____

How I Got Through _____
_____
_____
_____

Who Helped _____
_____

Grateful For _____
_____
_____
_____

Thoughts _____
_____
_____

Mood
10
9
8
7
6
5
4
3
2
1
0

Health
10
9
8
7
6
5
4
3
2
1
0

Mood

10
9
8
7
6
5
4
3
2
1
0

Health

10
9
8
7
6
5
4
3
2
1
0

Date _____ M T W TH F SA SU

Sobriety Day

Todays Focus

Todays Challenges

How I Got Through

Who Helped

Grateful For

Thoughts

Date _____   M T W TH F SA SU

Sobriety Day

Todays Focus _____
_____
_____

Todays Challenges _____
_____
_____

How I Got Through _____
_____
_____
_____
_____

Who Helped _____
_____
_____

Grateful For _____
_____
_____
_____
_____

Thoughts _____
_____
_____
_____

Mood
10
9
8
7
6
5
4
3
2
1
0

Health
10
9
8
7
6
5
4
3
2
1
0

Mood

10
9
8
7
6
5
4
3
2
1
0

Health

10
9
8
7
6
5
4
3
2
1
0

Date _____ M T W TH F SA SU

Sobriety Day # ☐

Todays Focus
_____
_____
_____

Todays Challenges
_____
_____
_____

How I Got Through
_____
_____
_____
_____

Who Helped
_____
_____
_____

Grateful For
_____
_____
_____
_____

Thoughts
_____
_____
_____

Date _____ M T W TH F SA SU

Sobriety Day

Mood
10
9
8
7
6
5
4
3
2
1
0

Todays Focus
_____
_____
_____

Todays Challenges
_____
_____
_____

How I Got Through
_____
_____
_____
_____

Who Helped
_____
_____

Grateful For
_____
_____
_____

Thoughts
_____
_____
_____

Health
10
9
8
7
6
5
4
3
2
1
0

Mood

10
9
8
7
6
5
4
3
2
1
0

Health

10
9
8
7
6
5
4
3
2
1
0

Date _____ M T W TH F SA SU

Sobriety Day # ☐

Todays Focus
_____
_____
_____

Todays Challenges
_____
_____
_____

How I Got Through
_____
_____
_____
_____

Who Helped
_____
_____
_____

Grateful For
_____
_____
_____
_____
_____

Thoughts
_____
_____
_____
_____

Date _____ M T W TH F SA SU

Sobriety Day # _____

Todays Focus
_____
_____
_____

Todays Challenges
_____
_____
_____

How I Got Through
_____
_____
_____
_____

Who Helped
_____
_____

Grateful For
_____
_____
_____
_____

Thoughts
_____
_____
_____
_____

Mood
10
9
8
7
6
5
4
3
2
1
0

Health
10
9
8
7
6
5
4
3
2
1
0

Mood

10
9
8
7
6
5
4
3
2
1
0

Health

10
9
8
7
6
5
4
3
2
1
0

Date _____   M T W TH F SA SU

Sobriety Day # []

Todays Focus
_____
_____
_____

Todays Challenges
_____
_____
_____

How I Got Through
_____
_____
_____
_____

Who Helped
_____
_____
_____

Grateful For
_____
_____
_____
_____

Thoughts
_____
_____
_____
_____

Date _____ M T W TH F SA SU

Sobriety Day # _____

Todays Focus _____
_____
_____

Todays Challenges _____
_____
_____

How I Got Through _____
_____
_____
_____
_____

Who Helped _____
_____
_____

Grateful For _____
_____
_____
_____
_____

Thoughts _____
_____
_____
_____

Mood
10
9
8
7
6
5
4
3
2
1
0

Health
10
9
8
7
6
5
4
3
2
1
0

Mood

10
9
8
7
6
5
4
3
2
1
0

Health

10
9
8
7
6
5
4
3
2
1
0

Date _____   M T W TH F SA SU

Sobriety Day # ____

Todays Focus _____
_____
_____

Todays Challenges _____
_____
_____

How I Got Through _____
_____
_____
_____

Who Helped _____
_____
_____

Grateful For _____
_____
_____
_____
_____

Thoughts _____
_____
_____
_____

Date _____ M T W TH F SA SU

Sobriety Day # _____

Todays Focus
_____
_____
_____

Todays Challenges
_____
_____
_____

How I Got Through
_____
_____
_____
_____

Who Helped
_____
_____

Grateful For
_____
_____
_____
_____

Thoughts
_____
_____
_____

Mood
10
9
8
7
6
5
4
3
2
1
0

Health
10
9
8
7
6
5
4
3
2
1
0

Mood

10
9
8
7
6
5
4
3
2
1
0

Health

10
9
8
7
6
5
4
3
2
1
0

Date _____   M T W TH F SA SU

Sobriety Day # ☐

Todays Focus
_____
_____
_____

Todays Challenges
_____
_____
_____

How I Got Through
_____
_____
_____
_____

Who Helped
_____
_____

Grateful For
_____
_____
_____
_____

Thoughts
_____
_____
_____

Date _____ M T W TH F SA SU

Sobriety Day

Todays Focus _____
_____
_____

Todays Challenges _____
_____
_____

How I Got Through _____
_____
_____
_____

Who Helped _____
_____

Grateful For _____
_____
_____
_____

Thoughts _____
_____
_____
_____

Mood
10
9
8
7
6
5
4
3
2
1
0

Health
10
9
8
7
6
5
4
3
2
1
0

Mood

10
9
8
7
6
5
4
3
2
1
0

Health

10
9
8
7
6
5
4
3
2
1
0

Date _____   M T W TH F SA SU

Sobriety Day # ☐

Todays Focus
_____
_____
_____

Todays Challenges
_____
_____
_____

How I Got Through
_____
_____
_____
_____

Who Helped
_____
_____
_____

Grateful For
_____
_____
_____
_____

Thoughts
_____
_____
_____
_____

Date _____ M T W TH F SA SU

Sobriety Day # [   ]

Todays Focus _____
_____
_____

Todays Challenges _____
_____
_____

How I Got Through _____
_____
_____
_____
_____

Who Helped _____
_____
_____

Grateful For _____
_____
_____
_____
_____

Thoughts _____
_____
_____
_____

Mood
10
9
8
7
6
5
4
3
2
1
0

Health
10
9
8
7
6
5
4
3
2
1
0

Mood
10
9
8
7
6
5
4
3
2
1
0

Date _____ M T W TH F SA SU

Sobriety Day # ☐

Todays Focus
_____
_____

Todays Challenges
_____
_____

How I Got Through
_____
_____
_____

Health
10
9
8
7
6
5
4
3
2
1
0

Who Helped
_____
_____

Grateful For
_____
_____
_____

Thoughts
_____
_____
_____

Date _____ M T W TH F SA SU

Sobriety Day # ☐

Todays Focus
_____
_____
_____

Todays Challenges
_____
_____
_____

How I Got Through
_____
_____
_____
_____

Who Helped
_____
_____
_____

Grateful For
_____
_____
_____
_____
_____

Thoughts
_____
_____
_____
_____

Mood
10
9
8
7
6
5
4
3
2
1
0

Health
10
9
8
7
6
5
4
3
2
1
0

Mood	Date _____ M T W TH F SA SU
10	## Sobriety Day # ☐
9	
8	**Todays Focus**
7	_____
6	_____
5	**Todays Challenges**
4	_____
3	_____
2	**How I Got Through**
1	_____
0	_____
	_____
Health	_____
10	**Who Helped**
9	_____
8	_____
7	**Grateful For**
6	_____
5	_____
4	_____
3	**Thoughts**
2	_____
1	_____
0	_____

Date _____ M T W TH F SA SU

Sobriety Day

Todays Focus _____
_____
_____

Todays Challenges _____
_____
_____

How I Got Through _____
_____
_____
_____

Who Helped _____
_____
_____

Grateful For _____
_____
_____
_____

Thoughts _____
_____
_____
_____

Mood
10
9
8
7
6
5
4
3
2
1
0

_____

Health
10
9
8
7
6
5
4
3
2
1
0

Mood

10
9
8
7
6
5
4
3
2
1
0

Health

10
9
8
7
6
5
4
3
2
1
0

Date _____   M T W TH F SA SU

Sobriety Day # [   ]

Todays Focus
_____
_____
_____

Todays Challenges
_____
_____
_____

How I Got Through
_____
_____
_____
_____

Who Helped
_____
_____
_____

Grateful For
_____
_____
_____
_____

Thoughts
_____
_____
_____
_____

Date _____ M T W TH F SA SU

Sobriety Day

Todays Focus _____
_____
_____

Todays Challenges _____
_____
_____

How I Got Through _____
_____
_____
_____

Who Helped _____
_____
_____

Grateful For _____
_____
_____
_____

Thoughts _____
_____
_____
_____

Mood
10
9
8
7
6
5
4
3
2
1
0

Health
10
9
8
7
6
5
4
3
2
1
0

Mood	Date _____ M T W TH F SA SU
10	**Sobriety Day #** _____
9	
8	**Todays Focus**
7	_____
6	_____
5	**Todays Challenges**
4	_____
3	_____
2	**How I Got Through**
1	_____
0	_____

Health	**Who Helped**
10	_____
9	_____
8	**Grateful For**
7	_____
6	_____
5	_____
4	_____
3	**Thoughts**
2	_____
1	_____
0	_____

Date _____ M T W TH F SA SU

Sobriety Day # [ ]

Todays Focus
_____
_____
_____

Todays Challenges
_____
_____
_____

How I Got Through
_____
_____
_____
_____

Who Helped
_____
_____

Grateful For
_____
_____
_____
_____
_____

Thoughts
_____
_____
_____

Mood
10
9
8
7
6
5
4
3
2
1
0

Health
10
9
8
7
6
5
4
3
2
1
0

Mood

10
9
8
7
6
5
4
3
2
1
0

Health

10
9
8
7
6
5
4
3
2
1
0

Date _____ M T W TH F SA SU

Sobriety Day # ☐

Todays Focus _____
_____
_____

Todays Challenges _____
_____
_____

How I Got Through _____
_____
_____
_____

Who Helped _____
_____
_____

Grateful For _____
_____
_____
_____

Thoughts _____
_____
_____
_____

Date _____ M T W TH F SA SU | **Mood**

Sobriety Day

Todays Focus	10
_____	9
_____	8
_____	7
_____	6
Todays Challenges	5
_____	4
_____	3
How I Got Through	2
_____	1
_____	0
_____	
_____	**Health**
Who Helped	10
_____	9
_____	8
Grateful For	7
_____	6
_____	5
_____	4
Thoughts	3
_____	2
_____	1
_____	0

Mood

10
9
8
7
6
5
4
3
2
1
0

Health

10
9
8
7
6
5
4
3
2
1
0

Date _____ M T W TH F SA SU

Sobriety Day # ☐

Todays Focus
_____
_____
_____

Todays Challenges
_____
_____
_____

How I Got Through
_____
_____
_____
_____

Who Helped
_____
_____
_____

Grateful For
_____
_____
_____
_____

Thoughts
_____
_____
_____
_____

Date _____ M T W TH F SA SU

Sobriety Day # ☐

Todays Focus _____
_____
_____

Todays Challenges _____
_____
_____

How I Got Through _____
_____
_____
_____

Who Helped _____
_____
_____

Grateful For _____
_____
_____
_____

Thoughts _____
_____
_____

Mood
10
9
8
7
6
5
4
3
2
1
0

Health
10
9
8
7
6
5
4
3
2
1
0

Mood

10
9
8
7
6
5
4
3
2
1
0

Health

10
9
8
7
6
5
4
3
2
1
0

Date _____ M T W TH F SA SU

Sobriety Day # _____

Todays Focus
_____
_____

Todays Challenges
_____
_____

How I Got Through
_____
_____
_____

Who Helped
_____
_____

Grateful For
_____
_____
_____

Thoughts
_____
_____
_____

Date _____ M T W TH F SA SU

Sobriety Day # ☐

Mood
- 10
- 9
- 8
- 7
- 6
- 5
- 4
- 3
- 2
- 1
- 0

Todays Focus
_____
_____
_____

Todays Challenges
_____
_____
_____

How I Got Through
_____
_____
_____
_____

Who Helped
_____
_____

Grateful For
_____
_____
_____
_____

Thoughts
_____
_____
_____

Health
- 10
- 9
- 8
- 7
- 6
- 5
- 4
- 3
- 2
- 1
- 0

Mood

10
9
8
7
6
5
4
3
2
1
0

Health

10
9
8
7
6
5
4
3
2
1
0

Date _____ M T W TH F SA SU

Sobriety Day # _____

Todays Focus
_____
_____
_____

Todays Challenges
_____
_____
_____

How I Got Through
_____
_____
_____
_____

Who Helped
_____
_____
_____

Grateful For
_____
_____
_____
_____

Thoughts
_____
_____
_____
_____

Date _____ M T W TH F SA SU

Sobriety Day # _____

Todays Focus _____
_____
_____

Todays Challenges _____
_____
_____

How I Got Through _____
_____
_____
_____

Who Helped _____
_____

Grateful For _____
_____
_____
_____

Thoughts _____
_____
_____

Mood
10
9
8
7
6
5
4
3
2
1
0

Health
10
9
8
7
6
5
4
3
2
1
0

Mood

10
9
8
7
6
5
4
3
2
1
0

Health

10
9
8
7
6
5
4
3
2
1
0

Date _____ M T W TH F SA SU

Sobriety Day # ☐

Todays Focus
_____
_____
_____

Todays Challenges
_____
_____
_____

How I Got Through
_____
_____
_____
_____

Who Helped
_____
_____
_____

Grateful For
_____
_____
_____
_____

Thoughts
_____
_____
_____
_____

Date _____ M T W TH F SA SU

Sobriety Day # ☐

Todays Focus _____
_____
_____

Todays Challenges _____
_____
_____

How I Got Through _____
_____
_____
_____

Who Helped _____
_____

Grateful For _____
_____
_____
_____

Thoughts _____
_____
_____
_____

Mood
10
9
8
7
6
5
4
3
2
1
0

Health
10
9
8
7
6
5
4
3
2
1
0

Mood

10
9
8
7
6
5
4
3
2
1
0

Health

10
9
8
7
6
5
4
3
2
1
0

Date _____   M T W TH F SA SU

Sobriety Day # _____

Todays Focus
_____
_____
_____

Todays Challenges
_____
_____
_____

How I Got Through
_____
_____
_____
_____

Who Helped
_____
_____
_____

Grateful For
_____
_____
_____
_____

Thoughts
_____
_____
_____
_____

Date _____   M T W TH F SA SU

Sobriety Day #

Todays Focus
_____

_____

_____

Todays Challenges
_____

_____

_____

How I Got Through
_____

_____

_____

_____

Who Helped
_____

_____

Grateful For
_____

_____

_____

_____

Thoughts
_____

_____

_____

_____

Mood
10
9
8
7
6
5
4
3
2
1
0

Health
10
9
8
7
6
5
4
3
2
1
0

Mood

10
9
8
7
6
5
4
3
2
1
0

Health

10
9
8
7
6
5
4
3
2
1
0

Date _____   M T W TH F SA SU

Sobriety Day # _____

Todays Focus _____
_____
_____

Todays Challenges _____
_____
_____

How I Got Through _____
_____
_____
_____

Who Helped _____
_____
_____

Grateful For _____
_____
_____
_____

Thoughts _____
_____
_____
_____

Date _____ M T W TH F SA SU

Sobriety Day # _____

Todays Focus
_____
_____

Todays Challenges
_____
_____

How I Got Through
_____
_____
_____

Who Helped
_____
_____

Grateful For
_____
_____
_____
_____

Thoughts
_____
_____
_____

Mood
10
9
8
7
6
5
4
3
2
1
0

_____

Health
10
9
8
7
6
5
4
3
2
1
0

| Mood | Date _____ | M T W TH F SA SU |

Sobriety Day # ☐

Mood
- 10
- 9
- 8
- 7
- 6
- 5
- 4
- 3
- 2
- 1
- 0

Health
- 10
- 9
- 8
- 7
- 6
- 5
- 4
- 3
- 2
- 1
- 0

Todays Focus
_____
_____
_____

Todays Challenges
_____
_____
_____

How I Got Through
_____
_____
_____
_____

Who Helped
_____
_____
_____

Grateful For
_____
_____
_____
_____

Thoughts
_____
_____
_____
_____

Date _____ M T W TH F SA SU

Sobriety Day # ☐

Todays Focus _____
_____
_____

Todays Challenges _____
_____
_____

How I Got Through _____
_____
_____
_____
_____

Who Helped _____
_____
_____

Grateful For _____
_____
_____
_____
_____

Thoughts _____
_____
_____

Mood
10
9
8
7
6
5
4
3
2
1
0

Health
10
9
8
7
6
5
4
3
2
1
0

Mood

10
9
8
7
6
5
4
3
2
1
0

Health

10
9
8
7
6
5
4
3
2
1
0

Date _____   M T W TH F SA SU

Sobriety Day # ☐

Todays Focus
_____
_____

Todays Challenges
_____
_____

How I Got Through
_____
_____
_____
_____

Who Helped
_____
_____

Grateful For
_____
_____
_____
_____

Thoughts
_____
_____
_____
_____

Date _____ M T W TH F SA SU

Sobriety Day # ☐

Mood
10
9
8
7
6
5
4
3
2
1
0

Todays Focus
_____
_____
_____

Todays Challenges
_____
_____

How I Got Through
_____
_____
_____

Health
10
9
8
7
6
5
4
3
2
1
0

Who Helped
_____
_____

Grateful For
_____
_____
_____

Thoughts
_____
_____
_____

Mood

10
9
8
7
6
5
4
3
2
1
0

Health

10
9
8
7
6
5
4
3
2
1
0

Date _____ M T W TH F SA SU

Sobriety Day # _____

Todays Focus
_____
_____
_____

Todays Challenges
_____
_____
_____

How I Got Through
_____
_____
_____
_____

Who Helped
_____
_____
_____

Grateful For
_____
_____
_____
_____

Thoughts
_____
_____
_____
_____

Date _____ M T W TH F SA SU

Sobriety Day # ☐

Mood
10
9
8
7
6
5
4
3
2
1
0

Todays Focus
_____
_____

Todays Challenges
_____
_____

How I Got Through
_____
_____
_____
_____

Who Helped
_____

Health
10
9
8
7
6
5
4
3
2
1
0

Grateful For
_____
_____
_____
_____

Thoughts
_____
_____
_____

Mood

10
9
8
7
6
5
4
3
2
1
0

Health

10
9
8
7
6
5
4
3
2
1
0

Date _____ M T W TH F SA SU

Sobriety Day # ☐

Todays Focus _____
_____
_____

Todays Challenges _____
_____
_____

How I Got Through _____
_____
_____
_____

Who Helped _____
_____
_____

Grateful For _____
_____
_____
_____

Thoughts _____
_____
_____
_____

Date _____ M T W TH F SA SU

Sobriety Day

Todays Focus _____
_____

Todays Challenges _____
_____

How I Got Through _____
_____
_____

Who Helped _____
_____

Grateful For _____
_____
_____

Thoughts _____
_____
_____

Mood
10
9
8
7
6
5
4
3
2
1
0

Health
10
9
8
7
6
5
4
3
2
1
0

Mood

10
9
8
7
6
5
4
3
2
1
0

Health

10
9
8
7
6
5
4
3
2
1
0

Date _____ M T W TH F SA SU

Sobriety Day # ☐

Todays Focus
_____
_____
_____

Todays Challenges
_____
_____
_____

How I Got Through
_____
_____
_____
_____

Who Helped
_____
_____
_____

Grateful For
_____
_____
_____
_____

Thoughts
_____
_____
_____

Date _____ M T W TH F SA SU

Sobriety Day # ☐

Todays Focus
_____
_____
_____

Todays Challenges
_____
_____
_____

How I Got Through
_____
_____
_____
_____

Who Helped
_____
_____

Grateful For
_____
_____
_____
_____

Thoughts
_____
_____
_____
_____

Mood
10
9
8
7
6
5
4
3
2
1
0

_____

Health
10
9
8
7
6
5
4
3
2
1
0

Mood

10
9
8
7
6
5
4
3
2
1
0

Health

10
9
8
7
6
5
4
3
2
1
0

Date _____   M T W TH F SA SU

Sobriety Day # ☐

Todays Focus
_____
_____
_____

Todays Challenges
_____
_____
_____

How I Got Through
_____
_____
_____
_____

Who Helped
_____
_____
_____

Grateful For
_____
_____
_____
_____

Thoughts
_____
_____
_____
_____

Date _____ M T W TH F SA SU

Sobriety Day # [   ]

Todays Focus
_____
_____

Todays Challenges
_____
_____

How I Got Through
_____
_____
_____

Who Helped
_____
_____

Grateful For
_____
_____
_____
_____

Thoughts
_____
_____
_____

Mood
10
9
8
7
6
5
4
3
2
1
0

Health
10
9
8
7
6
5
4
3
2
1
0

Mood

10
9
8
7
6
5
4
3
2
1
0

Health

10
9
8
7
6
5
4
3
2
1
0

Date _____ M T W TH F SA SU

Sobriety Day # ☐

Todays Focus _____
_____
_____

Todays Challenges _____
_____
_____

How I Got Through _____
_____
_____
_____

Who Helped _____
_____
_____

Grateful For _____
_____
_____
_____

Thoughts _____
_____
_____
_____

Date _____ M T W TH F SA SU

Sobriety Day # ☐

Todays Focus _____
_____
_____

Todays Challenges _____
_____
_____

How I Got Through _____
_____
_____
_____

Who Helped _____
_____
_____

Grateful For _____
_____
_____
_____
_____

Thoughts _____
_____
_____
_____

Mood
10
9
8
7
6
5
4
3
2
1
0

Health
10
9
8
7
6
5
4
3
2
1
0

Mood

10
9
8
7
6
5
4
3
2
1
0

Health

10
9
8
7
6
5
4
3
2
1
0

Date _____ M T W TH F SA SU

Sobriety Day # ☐

Todays Focus
_____
_____
_____

Todays Challenges
_____
_____
_____

How I Got Through
_____
_____
_____
_____

Who Helped
_____
_____

Grateful For
_____
_____
_____
_____

Thoughts
_____
_____
_____

Date _____   M T W TH F SA SU

Sobriety Day # _____

Todays Focus _____
_____
_____

Todays Challenges _____
_____
_____

How I Got Through _____
_____
_____
_____

Who Helped _____
_____
_____

Grateful For _____
_____
_____
_____

Thoughts _____
_____
_____
_____

Mood
10
9
8
7
6
5
4
3
2
1
0

Health
10
9
8
7
6
5
4
3
2
1
0

Mood

10
9
8
7
6
5
4
3
2
1
0

Health

10
9
8
7
6
5
4
3
2
1
0

Date _____   M T W TH F SA SU

Sobriety Day #

Todays Focus
_____
_____
_____

Todays Challenges
_____
_____
_____

How I Got Through
_____
_____
_____
_____

Who Helped
_____
_____
_____

Grateful For
_____
_____
_____
_____

Thoughts
_____
_____
_____
_____

Date _____ M T W TH F SA SU

Sobriety Day

Todays Focus _____
_____
_____

Todays Challenges _____
_____
_____

How I Got Through _____
_____
_____
_____

Who Helped _____
_____
_____

Grateful For _____
_____
_____
_____
_____

Thoughts _____
_____
_____
_____

Mood
10
9
8
7
6
5
4
3
2
1
0

Health
10
9
8
7
6
5
4
3
2
1
0